LOVE IMMERSED IN BLOOD

BIG TRAUMA OF QUESTION MARK

SUMEET KUMAR

Sumeet Kumar

Sumeet Kumar , A adult who experiences many phases of love in his life , get broked many times , stands up every time and keep moving to the next phases of the life.In reality he is a writter as well as singer (as a hobby) .Very exciting and interesting fact about him is that he is author of New era i.e. he starts his journey of writing at the age when he was going to schools to get the study . His some famous works i.e. *Maturity Of Love (Genre - Love),Privacy For Dream (Genre - Middle Class), Army Squad ofLove (Genre- The Seperation of Army Love), 5 Days of Love(Genre- Temporarily Love), Th e Endearment Of Love(Genre - Historical Era Of Love), Social Destruction Indo-Pak (Genre - The Story of The Love At The Time Of Division Of India And Pakistan), Middle Class Soul (Genre - The Dreams of Middle Class), The Accursed Kanatpur (Genre -The Horrific Story Of A Village), Wrong Number (Genre -The Suspenseful Physco Killer Story), The Secrecy OfDeadly Midnight (Genre - The Suspense About a Crime),Fragile Religious Of Death (Genre- The Death Of A TrustfulPerson), Nature Vs Science (Genre - The Future Battle Between Nature And Science In A Horrific Way), Generic Man (Genre - The Dream of I.I.T), The Unconsious 12 Hours(Genre - The Illusion At Stage Of Comma), The StrangeBurden (Genre - The Burden Of Love) , Her Existence (Genre- The Female Pain In The Society) , Jockstrap Prize (Genre -The True Story Of A National Athlete) , H Man [Hindi] (Genre - Superhero Tragic Story), H Man [English] (Genre - Superhero Tragic Story) , Maturity Of Love [Englsih] (Genre - Love)* and many more are available on various geners on the offcial platform of **Amazon, Flipkart and Notionpress**. You can buy them from there.

Contents

Acknowledgements

Aman Kumar

Special Thanks to **Aman Kumar** who worked so hard in the preparation of this book. He has continually put with my passive voice, omission of words, and late night calls. You have be en wonderful. Thanks to him for his precious time in reviewing proposals , individual chapters and early drafts, along with his suggestions on the applicability of the material to the world.

I

THE TWILIGHT AFFECTION

Kuch khwaab aishe hote hai zindagi mein jo kabhi purre hote hee nahi hai ,aur ne hee unki yaadeion kabhi ham se alag hoti hai ,kyunki jo khwaab pehle seh adhure hai unki yaadeion hamare hisse mein aakr purri kaishi ho sakti hai ,bachpan seh ek hee baat sikhi hai ki mehnat karoge toh manjil zarror milegi ,per kabhi kishi ne ish raheshya seh parda nahi uthaya hai ki akhir kaun shi mehnat ka naam ye samaj vale le rahe jinke peeche hame bhagna hai ,har din koshish ki seema toh paar karte hee ham ,aab kya bacche ki jaan logo kya ? kabhi zindagi mein ye nahi socha tha ki itne saare haadse vo bhi ek sath meri veeran shi duniya mein aayege ,aur agar hamari mehfil mwin kishi ko aana hee tha toh ush waqt hamari mehfil ki khushiyan kaha tha ,matlab angrezi mein kahu toh the way of happiness ,ish duniya mein har saksh ke pass ek dil hai ye toh sab mante hai ,per isse bhi zyada hairaan karne vali ek baat aur samne aati hai ki ye dil koi sadharan dil nahi hai jo sirf apke jeene ki wajah hai ,ye dil toh aajkal ek humdard bann chuka vo bhi un logo ke liye jo pyar ke andhepaan mein ye bhul chuke hai ki ham ek hee dil har kishi ko nahi de sakte filmo ki toh baat hee laag hoti jab ek nayak apni nayika seh kehta hai ki mein tumhare bina jee nahi sakta ,meri saaseion jo tumhare bina chal hee nahi sakta maur mere dil u hee andhero ki taalash mein ghumsuda hai ,aur na hee tumhare bina jee sakta hai ,matlab kehna kya cahte hai ye ?aur kaha seh aate hai ye log aur inki baateion ,life mein agar logic na ho toh ham ushe tab bhi survive kar sakte hai ,per agar mohabatt na toh zindagi veeran shi lagti hai ,khair ye bata dun ki ye meri soch bilkul nahi hai ki mohabatt zarrori hai zindagi mein ,kyunki agar mohabatt itni hee zarrori hoti zindagi mein toh ye duniya paisho per nahi sona babu ke soch per chalti ,per aishi baat ki inki aehmayiat hee nahi hai aajkal kyunki jaha mohabatt hoti hai vhi insaniyat bhi aam taur per dekhne ko milti hai ,har koi kabil nahi hota iske aur na hee aajkal ye har kishi ki kismat mein naja aati vo bhi taqdeer bann kar ,ye duniya jitni prakirtik thi aaj utni hee banabati bhi bann chuki vo bhi sirf ek sabd ke karan jishe ham mohabatt kehte hai ,ye koi bazar mein milne vali chhoti seh cheez nahi hai jishe taul kar aur sahi daam laga kar ham ishe kishi ko beech de ,ye toh khubsurat barbadi hai jo sururaat mein toh har kishi ko acchi lagti hain,per waqt beetne ke baad iski ranjish hame aur tabah kar deti hai aur ush waqt ham sirf yehi sochte hai ki kaash mein ush saksh ke liye rishte na bhulat toh meri zindagi kuch aur hoti , sayad mere sapne kuch aur hote aur meri haqqeqat kuch aur hoti ,jaiseh har din ki subah ek jaishi nahi hoti hai ushi tarah har kishi ki mohabatt bhi ek jaishi nahi hoti hai ,kayi badlaab hai zindagi mein tab jakar hame ye fateh naseeb hoti hai ,ish duniya mein akela koi nahi jeena cahta ,kyunki yeha havaniyat har kishi ke pass hai per insaniyat bahut kam logo ke pass ,ish duniya mein har kishi ki soch galat ho ye zarrori toh nahi ,aur sahi ho ye bhi sayad zarrori nahi ? phir bhi ham un logo per bharosha toh karte hai jo bhale hee apne nahi hai per har waqt apnepaan hone ka aehsaas dila jaate hai ,aur ye vhi logg hai jinseh ham beinteeah mohabatt karte hai ,aur waqt aane per ham inke liye kuch bhi kar sakte hai ,jab kishi seh pehli baar mohabatt hoti na toh vo hamari akhiri shiddat bann jati hai jsihe na ham khud seh kabhi alag kar paate aur na hee ushe kabhi bhul paate hai ,logg badi aashani seh ye kch dete ki aage badhe zindagi mein useh bhul kar khud ki ek nayi duniya manao ,per kabhi koi ye kyun nahi bolta ki tum theek ho ,kya khoya hai tumne uski mehfil mein jakar jo kahamoshi ish kad tumhare aandar bash chuki hai jishe tum khd seh kabhi alag nahi kar sakte ,ish duniya mein logg jismo ka vypyaar karte hai ye toh suna hai maine ,per mohabatt mein bhi vypyaar ka matlab yehi ki aaj ush khud ki inayyat harr gyi vo bhi ish banabati duniye ke samne ,jaha log vaade toh karte sath nibahne ke liye per sirf kuch waqt ke liye hee ,mohabatt kishi wajah ko nahi dekhti aur na hee kishi saksh ko dekhti ,cahe vo sharif ho ye badmaash ye sabke liye ek hee barbaadi lati hai ,per waqt ke sath kuch sambhal jaate hai toh kuch ish kadar tutt jate hai ki unki mehfil mein sirf khamoshi hee dikhayi deti hai ,logge ki fidrat toh badlati hai ye bhi suan tha per mohabatt bhi ushi aayne ki tarah jiski sachai hamare liye do tarfa hoti hai ,jiski fidrat na toh saaf dikhayi deti aur na hee dhundli . Apne humdam ki yaadeion hame hamesha taqleef deti hai cahe vo ateet mein kitni hee acchi kyun na ho ,per bhootkal uski parchai seh bhi ham kayi durr bhagna cahte hai ,jaha na toh usski kahmoshi sunai de aur na hee uski khushi ,iske peeche bhi ek bahut badi wajah hai , aur ish wajaj vhi saksh samjah sakta hai jisne khud ko kishi aur ke liye kayi baar kurbaan kiya hai ,aur vo wajah bahs itni shi ki jitne bhi pal hamne ush ajnaabi ke sath gujare hai ,cahe vo khushi ke ho ye gam ke ,hamne ush ek rishte ko nibhane ke liye apni purri shiddat jhok di ,phir bhi aant mein ham ushe rishto ko bacha nahi pate aur zindagi mein ek khed ki tarh ye hamare dil o jehan mein absh jaati hai . kishi ek saksh ne kaha hai ki mohabatt mein log sath nibhane ke liye kuch bhi kar sakte ,unhe koi wajah nahi cahiye tumhare sath rukne ke liye ,tumse baateion karne liye ,yeh tumhare kareeb rehne ke liye ,agar mohabatt sacchi aur halat burre toh vo tab bhi tumhare sath hee rahegi ,aur tumse vo kabhi furqat nahi le payegi ,aur sayad kaffi hadd mein ishe haqqeqat manta hun ,aur ye haqqeqat hai bhi agar mahasoos karoge toh aehsaas ki fidrat zarror naseeb hongi . sacchi mohabatt mein sirf ek dikkat hai ki ham ush saksh ko itni aehmayiat de dete hai jo uske kabil hai hee nahi mera kehna ka matlab kishi bhi rishte ko ek tarfa bachane ki kya zarrorat ,jab ush saksh ne ushe dusri taraf seh todd eh diya hai ,ushe ek rishte ko bachane ke liye ham kayi rishte todd dete hai ,aur waqt rehte jab en baateion per ham aehsaas karte hai toh hamari duniya hee ush waqt andhere ki khamoshi mein rehti hai ,sochne ka waqt tak nahi milta ush waqt ,kya kare ?kyun karu ? kaha jaye ? kaun hai mera uske siva ish duniya ? kya mein jee payunga uske bina ? kya meri saaseion cahl payengi ? mujhe sirf ek wajah do ki kyun nahi bhul payoge tum ushe ? jab tumne khud ko bula diya ,apne un rishto ko bhula diya toh tum ushe kyun nahi bhula sakte ? yehi toh baat hai ki ham ushe ishliye bhula nahi sakte ,kyunki ek saksh ko aane ke liye hamne apno seh bhu muh moor liya hai ,ush ek saksh ko paane ke liye hamne jeena chhod diya hai, ye sirf meri baateion nahi hai ,yeh ish waqt mein sirf apni baateion nahi kar raha ,mein toh ush samaj ki baateion kar raha hun ,jisne mardo ki shaan yeh kaha hai ki ladke kabhi rote nahi , janab kayi baar roye hai ,kayi baar khud ko mahroom kar ke bhi dusro ki khushyian di unhone ,bachpan ki khushi se lekar bade hone tak ke gam ko smabhala hai unhone ,ek baap ki aash aur bhai behno ke sapno ko sambhala hai usne ,ush ma ki mamta ko bachaya hai usne ,aur ye sab kar bhi jab vo tutt chuka hai toh ush saksh pyar ki taalsah hai dialse ki nahi . sayad hisse mein aur kuch na likh sakun phir bhi kuch baateion hai jehan mein jo har ksihi ke smane karna cahta hun ,unhe unki khamoshi seh aazad karvana cahta hun ,jitne bhi dard sahe hai unhone mein un sab ki aaj fariyad mitana cahta hun .

“

KI MUJHE

TERI
ZARRORAT
NAHI
MEIN KHUD
KO SAMBHAL
SAKTA HUN
TUJSEH MILE
HAR EK DARD
KO MEIN
KHUD KA
AASHYIANA
MANN SAKTA
HUN
AUR YE
ZARRORI TOH
NAHI
KI APNE
JEHAN MEIN
TUM MUJHE
HEE YAAD
KARO
WAQT KE
SATH
KOI DUSRA
BHI
TOH AA
SAKTA
HAI ."

cahat ish duniya mein har kishi ko naseeb nahi hoti aur har ek iski talab bhi nahi karta , mohabbat mein ye lajmi hai kyunki iski sururaat bhi cahat seh hee hoti hai log aksar kehte hai ki tum mere sirf ek khwaab haqqeqat ho vo bhi ush duniya jishe mein khud seh bhi cahta hun yeh cahti hun, duniya ki har il padh li ,har ek chere dekhe hai har ek khwaab ko tutte thhe dekha hai per haqqeqat yehi hai ki zindagi ke Rasto mein kahi na kahi manjil juda ho hee kati hai ,mein purri duniya ki baateion toh nahi kar sakta per ha kuch log hai jinse mohabatt kuch khass nahin hai meri bash ek irada hai khud ko unke samne jalil karne ki ,itna ashan nahi hoti ki mehfil mein sab kuch gava kar hisse mein khamoshi ki dewaare bana lo aur waqt ke inaayat mein uski har ek itt ki qafas ko mano. waqt ki har talim sahi ho ye zarrori toh nahi aur haadse har waqt ek jaishe ho ye bhi toh zarrori nahi hai ,ki mein har waqt khud ko samjhane mi ye sajish karta hun ki ye samaj har waqt hamare halat nahi samaj sakta , Insaniyat ki baateion toh karte hai per ham aab insaan hai kaha , beigairat har jagah toh daraendgi shammil hai hisse mein ,aaj tamana tih kuch aur thi likhne ki per kuch lamho ne ish kadar hamari mehfil ko dard ko numaasih mein morr diya hai ki ham aaj unhi raaho per khade hai jaha hamne kabhi aane ki riwayat hee nahi ki thi aur koi cahat thi hame phir bhi koshish ek ibitida hai mere hisse mein jo mujhe har waqt majboor kar deti hai ki mein aaj bhi uski gaaliyon mein jakar mahroom ho jayun . dard ki pechaan har kishi ko nahi hoti sur khushiyon ki cahat har ek insaan ko wawt per naseeb nhi hoti , khud seh log saval karna ksb band karcge ki mein kya sach mein sahi hun ye uski cahat ne mujhe har waqt sirf galat savit kiya hai ,ish duniya ki cahat bilkul ush vaishya ki tarah jo har din apne jisme ko bechti ho toh per apne fyade ke liye na ki kishi ki majburi mein aakar ,aaj jo kuch bhi keh raha hun yeh kehne vala hun sayad uski soch har kishi ko.sahi na lage per beigairat khud ke alfaaz bhi aaj rauk nahi sakte kyunki janta hu agar ye rukk gaye toh meri mehfil phir seh veeran ho jayegi .

“

KI KYA
KAMI HAI
MUJHMEIN
JO USNE
MUJHE CHHOD
DIYA
BHARI
MEHFIL MEIN
MUJHE EK
AAYENA
BANA KAR
TOD DIYA
CHHOTI
SHI MUSKAN
LEKAR
JO
HAR DIN USKI
GAALIYON
SEH GUJARTA
THA

AAJ USHI
KI MEHFIL
NE MUJHE
TANHA
BANA KARA
CHHOD
DIYA .”

II

FALLEN FOR HELL

Kehte hai likhi hui kismat kabhi koi mita nahi sakta ,aur kishi ki pehli mohabatt bhi kuch ishi tarah ki hoti hai ,khwaab agar barbadi ki shiddat mein banaye gaye ho toh taqdeer ki likhawat bhi kuch khaas nahi hoti ,aur ish barbadi seh duniya ka har vo saksh waqif hai jisne purri shiddat seh apne rishto ko bachaya hai ,asliyat mein ye zindagi bhi ek sifarish mein hee mili hai jisse ham sab waqif hai per ishe manne ke liye har koi tayar nahi hai hamari aam zindagi mein , aap kishi rishto ko tabhi tak bacha sakte jab tak vo apki kismat mein hai ,per jish din iski aahat kismat ki baahon seh durr jati hai ush din rishte bhi ush khamoshi mein bane ush itt ki tarah ho jati hai jisse na toh khushyian kharide ja sakti aur na hee aap kishi ghar ki banabat kar sakte hai ,ye kuch pal ki mohabatt toh aam petr usse mile jo bewafai hai vo sayad har waqt hamare kareeb rehti bilku ush ruhh ki tarah jo zarrori bhi hai jeene ke liye ,per kuch lamhe beetne ke baad uski aahat bhi hame veeran kar deti hai ,agar mohabatt ko khel samjhoge toh sayad uski parchai aage jakar tumhare maut ki wajah bhi bann sakti ,aur ye koi mamuli marg ki riwayat nahi hot jo hisse mein tumhe sirf ek baar barbaad karegi aur phir tumhe aazad kar degi ,ye toh har din ,har waqt tumhe inte mahroom kar degi ki jeene ki sifarish bhi maut ki talab dikhayi gi ,mohabatt mein aksar mahroom vhi hote hai jinhe aadat hai ush dard ki ,vo dard jo na toh hisse mein aapke sath kabhi apki tabusaam bann sakta aur na hee kabhi apki fidrat , ek chhote seh bacche ki muskan tabhi tak salamat rehti hai jab tak javani ke daag ush per na lage ,ham ish duniya mein sirf ek kiryaedaar ,aur ek kirayedaar ko ish duniya mein rehne ke liye kayi keemat chukane ki zarrorat hoti hai, aur iska malik koi aur nahi vo uparvala hai jishe ham apne dukh sukh mein har waqt yaad karte hai ,ish duniya logg apne rishte toh bhul sakte hai ,per ush uparvale ko kabhi nahi ,kyunki har waqt ush uparvale ki parchai hamare sath maujood rehti hai jishe ham apni mehfil darr ke naam seh bhi jante hai ,aur ish darr ki cahat hisse mein tab aage badhti hai jab hamare hisse mein koi keemti cheez aati hai , agar seedhe sabdo mein kahu toh ,daulat aur mohabatt bilku ek jaishi hai kyunki un dono ko khone ke baad zindagi veeran shi hee lagti hai har waqt,khair sabdo ki udaan jitni lambi dard ki talim utni hee aage badhti hai ,ishliye na toh ish shiddat ko aage badhane ki cahat karunga ,aur na hee iski sifarish ko ,ishliye ish barbaadi ki manjil ko ham yehi ek adhure safar mein chhodkar aage badhte hai ,aur mein aap sab ko ek aishi manjil per lekar chalna cahta jaha mohabatt thi per khamoshi ki cahat mein jishe aap sab sirf mahasoosh kar sakte ho ,per kabhi khairat mein agar ish khwaab ko aehsaas karna hai toh lajmi uske liye barbaadi zarrori hai ,apni aatmakatha suru karne seh pehle kuch baateion hai jo saahil karna cahta hun,ki ish duniye mein bhale hee do logge ke beech mohabatt ho cahe na ho ,per unhe ek sath jeene ke liye sahare ki sifarish zarrori hoti hai,aur iske ham jo sehte hai ,cahe vo dard ki kaishi bhi talim kyun na ho ,jab ham ushe lambe waqt mahasoosh karte aate hai tabhi ye zarrorat hamare aankhein ke samne najar aati hai ,ish duniya mein gar kahi mohabatt hui hai th vha zarrorat bhi lamji hai unke hisse mein ,kyunki na toh mohabatt ke bina zarrorat hai aur na hee zarrorat ke bina mohabatt , ye dono ek dusre ke bina na toh kabhi reh sakte hai aur na hee ek dusre seh kabhi alag ho sakte hai ,agar seedhe sabdo mein do jism ek jaan hai ye dono ish duniya mein ,zindagi mein puberty ho cahe na ho per mohabatt zarrori hai kyunki yehi vo steps hai hamari zindagi ke jishe ham maturity kehte hai.

"KI ARZ
KIYA HAI
NA HEE
KISHI
MOHABATT KI
ZARRORAT HAI

HAME
AUR NA HEE
KISHI
SAHARE
KI GUJARISH
HAI AAB
PER ITTEFAAQ
SEH JITNE
BHI LAMHE
MILE
HAI USKI
YAADEION
MEIN
BEIGAIRAT
AAJKAL
USHI KI
BAATEION
KARTE HAI
HAM."

cahat vo ranjish hai ish duniya mein jo ek saksh ko barbaad kar deti phir bhi ham iske sath rehne ki gujarish kyun karte hai ,har ush manjil per nange pau chala hun mein ,kishi ki khairat uski yaadeion mein jala hun mein ,phir bhi savalo ki cahat meri mehfil khatm kyun nahi hoti ,ye har roj khud seh puchta hun mein . mein ATUL SHARMA ,aaj khud ke baare mein kuch aishe khwaab baayan karna cahta hun jiski soch ek aam insaan seh kaffi alag hai ,kyunki meri zindagi hee bakiyo seh alag hai jaha mehfil mein khushyian toh hai per kishi aur ki wajah seh , meri chhoti shi zindagi mein maine bahut bade kahwaab dekhe hai ,aur aishe khwaab dekha jiske purr hone ki koi umeed nahi thi phir bhi mein unki raaho mein aage badhta gaya ,khair mein apni chhoti duniya seh milata hun ,meri chhoti duniya mein sirf meri mom hai jisne mujhe bachpan seh sambhala hai ,mere har ush sapno ko purr kiya hai jishe mein bahut pehle hee bhul chuka tha ,waishe meri mom na kabhi mere dad ka surname used nahi kiya kyunki vo unki parchai mein kabhi mere hisse mein lana nahi cahti thi ,aur iske peech ek bahut badi wajah hai ,jishe mein aap sab ke samne lana cahta hun ,toh haadse ki khairat kuch aishi hai ki mom kaffi rich family seh belong karti thi aur dad middle class family seh ,kehte hai mohabatt do insaano mein tabhi mumkin hai jab unke aude (status) ek ho ,varna kayi kam aishe rishte jo sahi seh cahl paate hai vo bhi antim tak ,dad aur mom college mein mile thhe ,dad bhi ek scholar aur mom bhi ,unke beech mohabatt toh ush waqt lajimi hee thi kyunki dono ke status ush waqt kaffi milte thhe ,pehle achanak seh don ek dusre seh mile phir unke beech baateion hai ,phir waqt ki riwayat aage badhi ,aur kuch yaadeion bhi bane ,aur akhiri mein dono ko mohabatt ho hee gayi ,per har rishte mein ko nibhane ke samjhote ki zarrorat hoti hee hai ,toh dad aur mom ke rishte seh vo kaiseh durr reh sakti thi ,dad bhale hee ek scholar thhe per vo ek lower middle class family seh belong karte thhe ,ishliye dada ji agar ye baat pata chalati to vo unke rishto ko kabhi nahi apnate ,aisha meri mom ka manna tha ,per aishi baat bilkul nahi thi ,kyunki jab mom aur dad ne bhaag kar shaddi ki ,tab dadajii un dono ki kaffi taalash ki thi aur yeha tak toh unhone daulat ki saari baazi bhi un dono ko dhundne mein laga dii ,mom ush waqt dad ke khilaf ishliye thi ,kyunki dadadjii ne dad ko dhamki dii thi ki agar vo unki beti seh durr nahi rahge toh vo unhe jaan seh marr dege ,aur unke parivaar ko bhi ,aur dad ke parivaar ki bhi soch kuch aishi hee thi ,lower middle class family ki khashiyat hee yehi hoti ki vo kabhi kishi ke samne jhukte nahi sivaye ush uparvale ko chhodkar ,ek taraf ijjat thi aur dusri taraf daulat ,mom bhi ye acchi tarah seh janti thi ki unke rishto samaj vale bilkul nahi apnayege ,aur sayad kahi na kahi dad bhi ,khair ush waqt mom aur dad ne jo bhi socha vo unke liye sahi tha ,matlab un dono ke mohabatt ke liye ,per vo kehte hai jo rishte bade pyaar seh banaye gaye ,vo waqt ke sath tutt hee jate hai ,mohabatt jab bhi hoti hai na toh khud seh hoti aur yehi duniya ki sabse badi riwayat hai ishq karne ki ,aur jo dusri taraf jishe sirf ham ek mohran banate hai vo bhi apni khamoshi ko durr karne ke liye ,waqt aane jab uski zarrorat khatm ho jati hai toh ham ushe chhod bhi dete hai ,maine ye baat pehle bhi kayi dafa kahi hai ki ishq vo vypyaar hai jiski seema ush vaishya seh bhi kam hai ,khair jab mom aur bhagg kar shaddi ki ,toh ye baat ush waqt kishi ko pata nahi thi ,kyunki mom ne dadaji seh ush waqt sirf ye kaha tha ki vo apne doste ke ek tour per ja rahi ,hai aur udhar dad ne apne parivaar seh ye kaha ki vo ek job interview ke liye bahar ja rahe vo bhi bombay ,kyunki vo dono jante thhe ki achanak seh agar bhaag kar sahddi ki toh sayad vo pakde ja sakte thhe ,kyunki mere dadajii koi mamuli insaan bilkul thhe ,vo ek bahut bade diamond tycon thhe ,ishliye ush sehar chhote seh lekar har bada saksh unhe aur mom ko kaffi acche seh pechanta tha ,yeha tak toh unke sehar mein unke holdings tak lage hue thhe ,aur dadajii khud ke naam ko banane ke liye kaffi mehnat ki thi aur vo mere dad seh yehi cahte thhe ,ki cvo pehle ek unki tarah bann jaye phir vo aakar mom ka hath mange ,agar sach kau toh dadajii ush waqt bilkul galat nahi thhe ,kyunki ish duniya log mohabatt ko paisho seh taulte cahe vo arrange marriage ho ye love marriage,yeha tak toh ladkiyo ko beecha jata hai hamare samaj vo bhi ek aishe saksh ke sath purri zindagi bitane ke liye jinhe vo aachi tarah seh janti bhi nahi hai ,mein ye bilkul nahi keh raha ki arrange marriage karna galat hai ,per har kishi ki ijjat nahi hoti ki vo kishi aishe saksh ke pass jisse na toh vo kabhi mohabatt kar sakti aur na usek barre mein soch sakti hai ,dadajii ush waqt bash itna cahte thhe ki unki beti jab bhi jaye toh ek acche ghar mein jaye ,ek acche ghar ka matlab ye nahi ki vha log acche ho ,unke kehne ka matlab ye tha ki unhe kabhi kishi cheez ki kami na ho ,kyunki bachpan seh mom ne dadajii seh jo bhi maanga hai vo uske liye kabhi mana nahi karte thhe ,aishi baat nahi thi ki unke bete thhe ,unke do bete thhe aur meri mom un sab seh chhoti thi ,mom ush kaffi darr chuki thi jab dad ne unhe sarri unhe ye kaha ki tumhare papa ne mujhe marne ki dhamki dii hai aur mere parivaar ko bhi ,per mujhe meri parvaah nahi hai KIRTI ,(kirti sharma jo ki meri mom hai),mujhe sirf mere parivaar ki chinta hai ,per mein tumhare bina ji nahi sakt aur na hee ek pal tumse aur durr reh sakta ishliye kya tum zindagi bhar ke liye mere sath cahalne ko tayar ho ,phir kya tha mom ne bhi kuch nahi socha aur dad ko haa kar diya ,en sab ko jab miya biwi eaaj toh kya karege unke gharvale saathi ,dad ne mom ko ye kaha tha ki vo dadajii seh tour ke baare mein bolen ,aur vo ishliye kyunki jab vo vha seh bhagne ki koshish kare toh unhe koi pakad na sake ,mom bhi apne ghar seh akeli hee nikli aur dusri dad ne bhi yehi kiya ,phir dono PUNE ki train pakdi ,aur jab vo dono station per ek dusre seh mile ,toh vha unke bakki dosti pehle seh hee khade thhe ,vo bhi unke shaadi karvane ke liye ,matlab mandir vala scene ,waishe ye kaffi filmy tha mujhe pata hai per dad ki soch kaffi acchi thi ,kyunki iski wajah seh ush waqt toh unki sahddi kaffi acche seh ho gayi thi aur koi mushibat bhi nahi hui . ush waqt bhale hee mom aur dad ek bandhan mein bandh chuke thhe ,per iska matlab ye nahi ki jo kasme aur vaade unhone ek dusre ke liye kiye ,vo sach unhe aage jakar nibhaye ,mere kehne ka matlab asli mushibat toh aab suru hoti hai ,jab dad bahut din apne ghar nahi gaye aur mom bhi ,tab jakar dadajii ki ye baat paat chali ki mom ne shaddi kar li hai vo bhi ushi ladke ke sath jishe vo apni beti ke liye kabil nahi samjhate thhe,dil ki fidrat ush waqt thodi kamjoor ho chuki thi ,kyunki dadajii ne kabhi ye nahi socha tha ki jish beti ko unhone itni pyaar aur shiddat seh pala hai ,vhi unki tanhaiye ki karan bann jayegi ,khair waqt ke sath toh log apne rishte tak bhula dete hai jo ki badi inayyat seh banaye jate hai ,toh dadajii kab tak mahroom rehte unki yaadeion mein ,aur kab khud ki parvarish ko koshte aur dad aur mom seh alag rehte ,ishliye ush waqt unhone ye socha ki vo apne beti aur damad ko apnayege ,mere kehna ka matlab vo un dono ki shaddi phir seh karege ,vo bhi purre samaj ki aankheion ke samne ,ishliye unhone un dono ko kishi bhi tarah seh vapas bula liya,per kehta hai har khushi ke peeche ek gam ki wajah hoti hai ,per ush waqt kishi ranjish ne uski jagah le li thi ,dadajii ne toh unke rishte ko apna liye tha ,per mere mama ne nahi ,mama kabhi ish rishte ko mann hee nahi sakte ,ishliye unhone kayi baar gunde bheje vo bhi dad ke parivaar ko dhamkane ke liye ,per jab ye baat dadajii ko pata chali toh unhone mama ko ye dhamki di agar tumne dubara aisha kuch kiya toh ham tumhe apne ghar seh hee nahi apni zyadaad se bhi bedhakal kar dege ,ish duniya mein rishto ki koi keemat nahi hai ,mein ye baateion bahut pehle seh janta hun ,aur na hee ijjat ki ,ish duniya mein agar koi sabse mahan hai toh vo daulat hai ,jo ki panno ke saugat mein bhi hoti aur ek aam insaan ki soch mein bhi,ush din dadaji ki baat mann kar mama ne ynse ye kaha tha ki aab vo aishi harqat dubara bilkul nahi karege ,per kya ye sach mein ek haqqeqat hai ye sirf ek dikhava ? jab dadajii ko ye bat pata chali ki mom pune mein aur dad bhi ,tab vo khud vha gaye thhe un dono ko vapas lane ke liye ,per ush waqt dad unke sath nahi thhe,dadajii ne ush waqt mom seh pucha ki AKSHAT kaha hai ,per ush waqt mom ne dadaji ko kuch bataya hee nahi ,dadajii phir seh ek baar mom seh pucha ,tab mom ne ye kaha ki akshat abhi kaam seh bahar gaye ho ,kuch din mein aa jayege ,ush waqt mom dadajii se kuch na kuch toh chupa rahi thi ,per ush waqt dadaji unhe dekh kar itne khush thhe ki unhone unse kuch nahi pucha ,aut kaha thik hai ham kuch din ke liye yehi rehte hai tumhare sath ,phir ham teeno ek sath apne ghar cahlege ,per mom ne achanak dadajii seh ye kaha ki hame yeha aab rukne ki zarrorat nahi hai dad! hame chalna chaiye ,chaliye na ghar ki waishe bhi bahut yaad aa rahi hai ,(weeping mode) aasyun ush waqt un aankheion seh saaf jhalak rahe thhe ,aur dadajii ne mom ki khamoshi ko mahasoosh kar liye tha ,ishliye unhone ne kayi baar unse pucha ki akshat kaha hai ? kya kiya usne tumhare sath ? batayo kirti ? kaha hai vo ? kahi ushe tumhe chhod toh nahi diya ? agar aishi baat hai toh mein ushe jinda nahi chhodunga ? batayo kaha hai vo ?dad aab vo ish duniya mein nahi ! kya ? kya keh rahi ho tum ,kya hua ushe ? kab hua ? mom ush waqt dadajii seh juth bol rahi thi per unhone aisha kyun kiya ,khud ke hee pyar ko ush waqt gala kyun ghot diya ,aur dad aab ish duniya mein nahi aisha kyun kaha unhone ? en sab ke baad jab dadadji ne unki baat suni aur jab unhone apni pyaari beti ki aankheion mein aasyun dekhe ? tob vo aandar seh udh waqt tutt chuke thhe co bhi purri tarah seh ,ush waqt bash vo khud ko ksh rahe thhe ,ki maine inki baat maan li hoti toh akshat aaj hamare sath hota ,per mere dad ki maut hui ,ye sab kabhi mom ne mujhe bataya hee nahi aur na hee dada jii ?per unhone mujseh ye baateion kyun chupai ? mujhe toh haqq ne ush saksh ke baare mein jaane ke liye jiski duniya tha mein ? hairaan karne bali ek aur baat hai ki maine ush waqt ish behreham duniya mein aaya hee nahi tha ,mein ush waqt apne mom ke pet mein hee tha ,jab dad ki maut hui thi tab , en sab haadso ke baad dadaji mom ko vha seh lekar aa gaye thhe vo bhi apne sehar DELHI . ye kahani bhale hee adhuri hai per kuch paane hai jo abhi likhne baki hai kyunki meri kahani toh abhi suru bhi nahi hai ,toh ishe khatm kaiseh kardun ,abhi toh meri barbadi bakki hai , meri mohabatt bakki hai aur kahi sarre raheshya jishper seh abhi parde bhi nahi uthe hai vo bhi toh abhi bakki hai ,per kuch waqt toh lajimi hai na apne ateet aur ush haadse ko bhulane ke liye ,kyunki mujhe ye baat kaha pata thi ki mere ateet ki pechaan hee mere bhavishya aur bhootkaal ke liye ek haadse ki pechaan bann kar samne aaygei .

NA HEE
KISHI
DUA KI
ZARRORAT
HAI
AUR NA
HEE KISHI
DABA
KI
KYUNKI
JO JHAKM
MUJHE
MILE
HAI VO
BHI BHAROSHE
KE BADLE
VO RANJISH
MERE
APNO KI
HEE THI .

III

DESTRUCTION OF RELATIONSHIP

A Deep Message

18 years later.

DELHI (TIHAR)

Waishe toh mein dehli seh hun per dil ki baateion seh kaffi durr rehta hun ,aur vo ishliye kyunnki bachpan seh lekar aajtak dadajii ne mujseh yehi baateion kayi baar ki hai , aaj mera birthday hai per mein khush bilkul nahi hun ,kyunki mein apne dad ko aaj kafii miss kar raha hun! mujhe pata hai vo jaha bhi honge mujhe dekh rahe ishliye ,mein unke baare mein kuch kehna cahta hun ,(dad I miss u)

ek aur baat hai jo mein aap sab ke sath share karne cahta hun ki ,aaj mere college ka pehla din bhi ,aap sab bhi soch rahge hone ki na college vo bhi itni jaldi ? pehle toh apna school toh complete kar le ,vo kehta hai na jshe saksh ke paas ish duniya mein behsiab daulat hai toh ushe padhne ki padhane ki zarrora hai ,mere dadajii jinhone mujhe na toh school ke chara aspast karne diye aur na hee unki paadhai ko dekhne ka mauka diya ,jo bhi karo ghar mein hee karo aisha unke kehna hai ? hairaan karne vali toh ek aur baat hai ki mein en 18 saalo mein kahi bahar gaya hee nahi ,aur na hee delhi ki vo khubsurat gaaliyan dekhi ,au na hee sadko per nathulal ke chole batole khaye ,aur nee hamare desh ki shaan ko dekha maine ,matlab india gate ko ,per ek baat hai maine inke baare kaffi suna ,aur itna suna hai ki aab mein inhe dekhna cahta hun ,mujhe toh inki baateion bhi ek kahani jaishi lagti hai ,aab mein ish jail mein bilkun nahi reh sakta , ha ! jail ,mein jaha rehat vo koi jail seh thodi kaam hai ,har waqt idhar matt jayo ,udhar matt jayo ,bhar jabe ki sochna bhi marr ,ghar per raho aur jo bhi chaiye tumhe milega , per mein apni mom aur apne dadaji seh kaiseh kahu ki mujhe aazadi chaiye ,vo bhi bahut saari ,mujhe un gaaliyon mein ghumna hai ,nathulal ke parathe khane ,aur delhi ki khubsurti ko mahasoosh karna hai ,mera bachpan bhale hee ush khamoshi ki chaar deewaro mein beet chuka hai ,aur aab mein apni javani nahi bitane vala ,ye sab baateion maine apne dadaji aur mom seh kahi tab jakar bahar jane ki mujhe aazadi mili ,aur mein ish aazadi mein bhi kayi sarth lagu thhe ,ki tumhare sath do bodyguard hamesha rahge ,aur tum bahar ka kuch bhi nahi khaoyge ,na hee kishi seh baateion karoge ,aur apne khyal rakhoge maur tumhe jo bhi chaiye ham seh kahoge ,aur koi shararaat nahi karoge ,matlab mein hun kaun ? kahi ka sehjada ,aur itni security kyun ,nhi zarrorat hai mujhe en sab ki ,mein ek normal life jeena chat hun vo bhi bakiyo ki tarah ,mujhe en sab ki kij zarrorat nahi hai ,ye sab kehne ke baad bhi na toh mom badli aur na hee dada jii ki sabd ,ishliye mujhe na cahte hue bhi unki baateion manni hee pari ,aur un dono bodygauards ko apne sath lekar jana hee para ,ghutan jab aadat bann jati hai toh aazadi bhi ush waqt hame mahroom kar deti hai uski yaadeion ,khair jo bhi hai ,mein khush tah ki itne saalo ke baad mein kahi bahar ja raha hun ,ha bhale hee vo college hee kyun na ho ,per aab mujhe thodi toh aazadi mili hee hai ,aur mein ish apne hath seh kabhi nahi jane dunga ,per kehte hai jo ham sochte hai vo hamari zindagi mein kabhi hota hee nahi ,pange hone hee hai zindagi mein cahe aap kitna bhi sambhal kar kyun na chalo ,jab maine pehli baar ush collge mein kadam ,ush waqt mere sath pange hone suru ho gaye ,sab mujhe dekh kar pata nahi mere raste seh kyun hath rahe ,mujhe aisha feel ho raha tha ush waqt ki mein ek star hun ,matlab koi actor yeh celabrity jhun ,kyunki mein jab bhi unh dekh raha tha ,vomujhe dekh kar haste aur phir side ho jate ,kuch waqt ki liye toh mujhe bada accah mahasoosh ho raha tha ,kyunki bachpan ki aadat mein kishi ko apne samne yeh apne aage dekh hee nahi sakte ,per mein jitna aage ja raha tha vha ke sarre students mujheseh ghabra rahe thhe ,jaiseh ki koi bhoot dekh liye ho ,per aisha bhi kya tha mujhmein ,mein koi alien toh hun nahi jo mujhe dekh kar sab hairaan thhe ,kuch der baad ye aehsaas hua ki vo meri wajah seh nahi ghabra rahe thhe ,vo ishliye ush waqt darr rahe ,kyunkimere sath do bodygaurds bhi jo thhe vo bhi khali ke size ke aur un dono ke pass guns bhi thhe ,ishliye vha ke sarre students mujhe dekhkar darr gaye thhe . waiseh maine apne college ka toh naam hee bataya ,kya karu ush din mein itna awkward feel kar raha tha ki mujhe kuch pata chal hee nahi ki mein kab ush college mein gaya aur kab aandar aaya ,ha ! mein toh bhul hee mujhe toh apne college ka naam batana jo ki mere dadajii ka tha , TRINTY HIGH COLLEGE ,ush waqt jab maine collge mein netry maari toh sab ye jaan chuke thhe ,ki mein kaun hun ,yeha tak toh purre class mein yehi baaat ho rahi thi ki mein bahut arrogant hun ,bakiyo ke jaisha hun ,ghamnadi hun jo kishe seh baat nahi kar raha ,aur bhi bahut saari baateion ,sach kahu toh mein ush waqt kaffi dara hua mahasoosh kar raha tha ,kyunki mujhe ush vatavaran yeh mahol ki aadat hee nahi thi ,aur upar seh mere bodyguards jo har waqt mere sath he rehte thhe mujhe wakward feel karvane ke liye ,vo kishi ko mere kareeb aane hee nahi dete ,jab bhi koi mere bagal mein baithne ki koshish karta toh vo ushe apne kando per uthakar kahi aur baitha dete ,aur ush waqt toh vha ke professor bhi unhe kuch nahi keh rahe thhe ,aur kehte bhi purra college hee mere dadajii ka tha ,toh bolne ki baateion hee nahi aati kahi seh ,aur gar ye haadsa ush waqt vha ho jata toh unhe apni naukri bhi chhodni parti aur ijjat bhi ,per ushi waqt jab sab ek dusre seh baateion kar rahe thhe ,tab ushi waqt entry hoti hai meri sehjadi ki ,jishe na toh mein janta ,aur na hee pechanta tha ,phir bhi ush waqt mein apna dil haar chuka tha vo bhi uski khubsurti ,maine filmo mein dekha hai ki jab do ajnabi ish kadar aapas milte hai ,aur milte hee un dono mein seh kishi ko jab ek tarfa mohabaat ho jaye toh ush "LOVE AT FIRST SIGHT " kehkar bulate hai ,per mera vala love at first college tha ,jab usne class mein entry ki toh saare baache ushe dekh rahe thhe ,aur meri toh baat hee matt karna ,mera toh mann kar raha tha ,ki mein suke pass jayun aur usse ye kahu ki kya tum mere sath reh sakti ho jab tak zindagi hai ,kyunki zindagi bhar ke liye vali baat toh purni ho gayi na ,per kehte hai aksar jo cheez khubsurat hoti hai vo kahi na kahi khatarank bhi zarror hoti hai ,aur vo thodhi shi khatarnak nahi thi bahut zyad thi ,mere kehna ka matlab karate 2nd dan player thi vo ,aur ye baateion bhi mujhe tab pata chali jab mein uske khwaab mein duba hua tha ,aur jab vo mere kareeb aayi ,matlab apni seat per baithne ke liye ,per jab vo apne seat per baithne aayi tab mere bodyguards ne phir pange liye ,per ish barr unhe mukki khani hee pari ,peet gaye vo meri sehjadi seh ,na cahte hue bhi unhe harr manni hee pari ,per ush waqt situation out of control ho chuki thi ,kyunki mere aangraksho ne ush waqt purre class ke samne gun jo nikal dii thi ,ye dekhkar vha per sab darr chuke thhe ,yeha tak mein bhi darr chuka tha ,per meri sehjadi ki kya hee baat karu ,vo ush waqt bhi bilkul nahi dari upar seh toh usne mere bodyguards ko aur bhi peeta aur unse unki gun tak cheen li aur meri seat bhi ,matlab khud ki seat ,mein toh darr ke pehle hee side mein baith gaya tha ,kyunki maine apni adhuri zindagi mein itne sarre haadse pehli baar dekhe thhe , phir ek baar baateion hone lagi ,per ish baar mujhe lekar nahi ,meri sehjadi ko lekar thi ,jiske naam ki pechaan VAANI MALHOTRA ,se thi , khair abhi aur bhi haadse hone zarrori hai ,kyunki ye baat jab purre college ko pata thi toh dadaji ko ye baat kaiseh pata nahi chalti ,vo en khwaab seh kaiseh durr reh sakte ,mujhe ush waqt ek hee baat seh darr raha tha ,ki kahi vaai ko kuch na ho ,aap sab bhi scoh rahe honge ki itni chinta kyun uske baare mein ?mohabatt cheez hee aishi hoti hai janab jo murde mein bhi jaan daal de aur jiske jaan hai ushe vo murda bana de ,mein ye bilku nahi cahta tha ,ki vo mujseh alag ho ,kyunki jo dilari ush waqt usne ki thi uski toh ek hee saja thi ,ki ushe college seh nikal diya jaye ,per aisha kuch bhi nahi hua ,mere kehne ka matlab hai maine jo socha tha vo bilkul nahi hua ,aur zindagi mein pehli baar mein ish haadse ko lekar behad khush ,matlab mere pau zammen per ruk hee nahi rahe thhe ,mein kya karu samjah hee nahi aa raha tha, mann toh kar raha tha ki dadajii ko bash chumm lun ,kyunki iske baad jo khushi mujhe mili mein bata hee nahi sakta ,unhone mere bodyguards ko bhi ek lambi chhoti de dii ,aur mujhe purri aazadi ,per mein tab bhi hairaan tha ki mom ne ish baar kuch nahi kaha ,aur 18 saalo mein ye oehli baar kyun hua isse pehle toh kabhi iski ijjajat bhi nahi thi ,phir achanak seh kyun ?

"KI ARZ
KIYA HAI
LAMHE
ACHANAK
SEH
BADLE HAI
KAHI MEIN
KOI
KHWAAB
TOH NAHI
DEKH RAHA

AUR
JO GAM
MERE HISSE
MEIN THHE
AAB VO KHUSHI
MEIN BADAL
CHUKE
HAI
KAHI
ISKI SIFARISH
MEIN KOI
MERE MARG
KI CAHAT
TOH NAHI
KAR RAHA ."

ush waqt hairaan bhi aur khush bhi ,hairaan ishliye tha ki ye khushyian mujhe pehli baar mili thi ,aur mein ye kabhi soch bhi nai sakta tha aur khushi ishliye thi ki vanni aab mujhseh durr nahi jane vali thi ,per tab bhi ek mushibat thi ki jo mein suek baare mein sochta hun ,kya vo bhi mere baare mein sochti hai ,nahi ! bilkul nahi ! abhi toh ham mile ,abhi toh mujhe mohabatt ,aur ye zarrori toh nahi ki ushe bhi mujseh mohabatt ho ,per jaane ke liye baateion toh karni hee paregi na ,per mein usse baateion kaiseh karu ? aagar maie baateion karne ki koshish ki ,aur kahi iski wajah seh vo mujseh ruth gayi ,ye mujhper bhi hamla kar diya ,toh ye baat phir dada jii ko pata chali gi ,aur iske baad phir vo meri aazadi mujseh cheen lenge ? akhir karu toh karu kya kuch toh madad karo oo uparvale ? en sab ke baad bhi maine kabhi haar mani ,mein har din college aata aur ushe harr roj dekhta ,per kabhi usse baateion karne ki himmat nahi juta pata ,lagbhag 2 mahine beet chuke ,ush dekhte ,per maine en 2 mahino mein usse kabhi baat ki hee nahi ,phir akhir kar meri zindagi ne karvat li aur ,meri duniya purri tarah seh badal gayi ,matlab mein jishe apni khushi manta tha ,vo mere liye barbaadi thi ,mere ateet ke rishto ki pechaan thi ,aur ye baateion mein kyun keh raha hun vo aap khud dekh lo .

CONVERSATION

"***vanni** : oh mister ! tum mujhe har roj dekhte kyun ho ?*

***me** : accha per mujhe nahi pata .*

vanni : kyun andhe ho ?

***me** : sayad ha per tumhare pyar mein ?*

***vanni** : peet jayoge mujseh agar dubara ye baat kahi ,samjhe !*

***me** : ok peet lo ,per usse pehle kuch kehna cahta hun .*

***vanni** : kya ?*

***me** : ....*

***vanni** : aab bolo kya kehna cahte ho ?*

***me** : vo mujhe ye kehan tha ki ?*

***vanni** : kya kehna tha ?*

***me** : mein tumse pyar karta hun ,jab tumhe pehli dafa taka ushi waqt apna dil aur dimaag ko tumper harr chuka tha ,aur jab tumne vo seat vali baateion ki toh sach mein mann kar raha tha ki tumhe gale seh laga lun ,per mien peetna nahi cahta tha ishliye maine ush waqt aisha kuch bhi nahi kiya ,tum peetna cahti ho toh peet lo ,per sach* *mein aab mein tumse alag nahi reh sakta ,aur agar abhi bhi peetna hai toh bahar kishi kone mein chalkar peet lo kyunki yeha bahut sarre loge hai ,I m sorry !, and I love you !per please peetna matt .*

vanni: *?????? ye sab bolkar maine apni aankehion band kar li thi kyunki mein janta tha ki mein aab pakka peetne vala hun vo bhi kaffi jodd seh,per maien jo socha vo phir seh nahi hun ush waqt sayad meri kismat sirf acchi nahi balki bahut acchi thi aur itni acchi thi ki usne mujseh kya kaha aap sab khud hee dekh le ?*

vanni : *oye ! aab apni aankheion khole .*

me : *mein nahi kholne vala ,mujhe nahi peetna ,agar peetna hee toh mujhe yeha maat maro please !*

vanni : *oye buddhu aankheion khole toh nahi pitungi ,mujhe kuch kehna hai .*

me : jo bhi kehna hai bash keh do per mein apni aanhkeion vala .

vanni : *pakka soch lo phir mein tumhe hug kaiseh karungi vo bhi tumhare aankehion mein dekh kar tumhe ish proposal ka javab kaiseh dungi buddhu .*

me : *kya sach mein !*

vanni : *mein bhi tumse pyar karti hun ,per mujhe laga tum kahoge ishliye ushi waqt seh chup thi ,aur tumhare aage peeche college ki itni ladkiyan thi phir bhi tumne unhe chhodkar mujseh pyar kiya ,aur kabhi bhi unke taraf nahi dekha ,aur mujhe tum mein yehi baateion pasand aayi ishliye buddhu , I love u infinity ."*

per maine kabhi ye socha nahi tha ki har khushi ke peeche ek gam ki wajah chupi hoti hai vo bhi ranjish ki tarah per hamare rishte ke peech ,mere ateet ke vo haadse jude hue thhe ,jinke baare mein mom ne kabhi bataya hee nahi aur na hee dadajii ,khair vo ateet koi aur nahi mere dad thhe ,oh ! mere dad nahi vanni ke dad ! matlab ? aab kehne ko kya bakki hai mere hisse mein ? mein toh khud ek raheshya bann kar reh gaya hun jab vanni ne mujhe apne dad se milaya tha tab ? mom ne toh kaha tha ki dad aab ish duniya mien nahi hai ,toh kya vo cehra jutha jishe mein har subah aone samne dekhta hun ? aur isse bhi badi bewafai jo meri zindagi ne mere sath ki hai vo hai ki kya vanni meri behan hai ? agsr nahi hai toh vo mere dad ko? ye kehkar kyun mila rahi hai ki chalo mein apne dad seh milati hun ? mein ish morr per aakar tuut chuka tha ,aur sayad itna tutt chuck ki na toh jeene ki sifarish hai aab aur na hee khawish ,aur itne saare saval ,aur javab ek bhi nahi ,kya karu mein ? kahi ye koi khwaab toh nahi ? aur agar sach mein ek khwaab hai toh mein ishe dekhne seh pehle marna cahta hun ?mom ne mujseh juth kyun kaha ki unke pati marr chuke hai ? kya sachai hai iske peeche ? kyun kaha unhone ? aur kaun shi majboori thi ush waqt jiske liye mom ne mujseh ye sab chupaya ,kya mein sach mein unka beta hun? kya vo sach mein mere dad hai ? aur gaar nahi hai toh unki tasveere mere kamre mein kar rahi hai ? aur agar ye bhi sach nahi hai toh mere dad hai kaun ? kahi mein koi anath toh nahi ? agar anath hun toh beigairat anath seh itni mohabatt kyun ? aur agar ye baateion vanni ko pata chali toh phir kya hoga ?

"

SAFAR

TAY KAR
LIYA HAI
BASH AAB
KUCH HEE
CHAND LAMHE
BAKKI HAI
AUR MAUT
KI
SIFARISH
TOH SAMNE
SEH
DIKH RAHI
HAI
INTEZAAR
TOH BASH
USH KABR
KI
HAI
JO MERE APNE
MERI
YAADEION
MEIN
BANANE
VALE HAI .”

Jazmin

EDITION :1

9 798886 298680

Printed by Libri Plureos GmbH in Hamburg, Germany